AF560964

CÉSAR LOMBROSO

L'HOMME CRIMINEL

ATLAS

XXXII PLANCHES

Néron.

PARIS
ANCIENNE LIBRAIRIE GERMER BAILLIÈRE ET Cie
FÉLIX ALCAN, ÉDITEUR

1887

Turin — Impr. Camilla et Bertolero.

AVIS

Le but principal de cet Atlas a été d'offrir au lecteur le moyen de saisir et de contrôler, par lui-même, la vérité de nos assertions, sans porter atteinte à l'économie d'espace et de temps qui est requise dans un livre.

Cet Atlas est, donc, une partie intégrale de l'ouvrage, et, peut-être, la plus importante; nous appelons, d'une manière spéciale, l'attention du lecteur sur les pages explicatives, dans lesquelles nous avons voulu, surtout, insérer les parties qui, par l'excès des détails, auraient quelque peu gêné, dans le texte, la marche générale des démonstrations.

EXPLICATION DES PLANCHES

Planche I. — Tableau du poids et de la taille de 400 cadavres normaux et de 134 criminels de Bonn (V. page 209 du texte).

Planche II. — Rapports de la taille et de la grande envergure. Etude anthropologique sur 800 hommes criminels, par le prof. Lacassagne (V. page 210 du texte).

Planche III. — Distribution géographique de la criminalité et de l'épilepsie en Italie dans les années 1879-83 (V. pag. 620 du texte).

Planche IV. — Fig. 1. — P. R. jeune homme âgé de 22 ans, de Ravenne, condamné pour viol suivi de meurtre, sur des petites enfants.

Fig. 2. — Coupeur de bourses, Milanais, âgé de 34 ans, condamné 13 fois. Nez retroussé, oreilles grandes, sinus frontaux id., énorme distance entre le nez et la bouche.

Planche V. — Fig. 1. — Salvatore A., brigand Calabrais, devenu fou, sans barbe, mandibules et zigomes volumineux, lèvre supérieure aplatie, regard terne et cruel (page 226).

Fig. 2. — G. Sana, brigand Napolitain. Visage asymétrique, oxicéphale, sans barbe, lèvre supérieure aplatie (page 225).

Fig. 3. — Cavaglià, assassin de son maître et complice (voir page 257), sans barbe, mandibules et sinus frontaux très développés (page 225).

Fig. 4. — G. B. Venafro, brigand Napolitain. Les mêmes caractères du N. 2.

Fig. 5. — O., voleur Napolitain. Submicrocéphale : sinus frontaux énormes, sans barbe (page 230).

Fig. 6. — Carbone, chef-brigand Napolitain : front très large : chevelure abondante, mâchoire très développée (page 221).

Planche VI. — Fig. 1. — P. R., voleur Napolitain ; visage alongé, asymétrique ; oreilles et mandibules très développées (page 226).

Fig. 2. — B. S., front fuyant : oxicéphalique ; nez très développé (page 226).

Fig. 3. — Boggia, de Milan, 63 ans, assassin et escroc, tuait dans sa cave, où il les enfouissait, ses victimes, après en avoir obtenu de papiers ou des clefs, pour entrer en possession de leurs biens ; très dévot ; simulateur de folie. Physionomie cléricale. Sinus frontaux très développés. Yeux petits (page 226).

Fig. 4. — Cartouche. Au front fuyant, submicrocéphale, oreilles écartées (un peu trop retouchées par l'artiste) ; zigomes très écartés, sans barbe, cheveux crépus (page 230).

Fig. 5. — G. Marini, femme de brigand Napolitain, physionomie virile, mongolique : cheveux très noirs et très épais : visage très long : zigomes très développés (page 230).

Fig. 6. — Desrues, célèbre empoisonneur, physionomie cléricale ; lèvres très fins ; mâchoires très développées ; absence de barbe ; lèvres amincies (page 226).

Planche VII. — Fig. 1. — P. C., brigand de la Basilicate, détenu à Pesaro. Type atavistique (page 230).

Fig. 2. — Voleur Piémontais.

Fig. 3. — Br., incendiaire et cynède, de Pesaro, surnommé *la femme* (page 225).

Fig. 4. — Misdea (voir page 610 et suiv.).

Planche VIII. — Les N. 1 au 7 sont des meurtriers Allemands (Album criminel). Du N. 8 au N. 25 ce sont des voleurs avec effraction. Le N. 14 *a*, grâce à un faux nez, N. 14 *b*, échappa à la justice pour bien des années. Les N. 26, etc. jusqu'au N. 38, coupeurs de bourse. Les N. 39 jusqu'au 44, voleurs de boutiques. N. 46, faux monnayeurs. Ce sont des escrocs le N. 45 et du N. 50 au N. 60. Banqueroutiers sont les N. I, II, III, IV, V, VI (V. pag. 233 et suiv. Pour les détails scientifiques sur la physionomie, v. Appendice).

Planche IX. — Du N. 1 au 4 assassins Allemands ; du N. 5 au 19 voleurs avec effraction (Allemands). N. 20 au 28 voleurs de boutiques. N. 29 au 33 faussaires. N. 34 au 38 escrocs. N. 39 au 50 coupeurs de bourses. N. 70 bigame Americain, avocat. N. II assassin, New-York. N. XXII meurtrier. N. VIII banqueroutier. Le N. 17, Klitsch, qui passa presque toute sa vie en prison. N. 15 voleur des grands chemins et voleur des joailleries. N. 3 assassin d'un officier de poste et d'un ami (Album criminel Allemand. V. Appendice).

Planche X. — Tous criminels Allemands (V. Appendice) meurtriers et voleurs (Album id.).

Planche XI. — Le N. 1 violateur et proxenète de sa fille, et du N. 2 au 5 pédérastes Allemands. Du N. 6 au 34 criminels Allemands. Du 35 au 41 chefs de brigands Italiens. N. 42, Francesconi, d'une bonne famille, tua en Autriche un officier de poste pour le voler. N. 48, Martinati tua sa femme pour amour charnel pour sa soeur. N. 43, jeune voleur Piémontais. Du N. 44 au 47 escrocs piémontais (V. Appendice).

Planche XII. — Fig. 1. — R., assassin sicilien. Type mongolique (page 230).

Fig. 2. — P., assassin de Lucques. Type mongolique (page 230).

Planche XIII. — Fig. 1. — Néron (Galerie des *Uffizi*, Florence) (pag. 227).

Fig. 2. — Messaline (Galerie des *Uffizi*, Florence) (V. pag. 241).

Planche XIV. — Portraits de criminelles Allemandes (V. pag. 240 et Appendice).

Planche XV. — Portraits d'épileptiques (V. pag. 587).

Planche XVI. — Fig. 1. — Ex-marin, escroc et meurtrier pour vengeance, détenu à Alexandrie (pag. 270). L'inscription tatouée fait allusion à son crime.

Fig. 2, 3, 4, 5 et 6. — Tatouages fréquents dans les pédérastes (Lacassagne) surtout le 4. — Les tatouages du N. 5 sur les fesses (Français) et du N. 6 sur le plis du bras (soldat Italien observé par Boselli) sont des allusions cyniques très évidentes. — Ce dernier favorisait la masturbation.

Planche XVII. — Résultats de quelques expériences avec l'hydrosphygmographe (pag. 319, etc.).

Planche XVIII. — Résultats de quelques expériences avec l'hydrosphygmographe (id.).

Planche XIX. — Dessin autographe de Troppmann (V. pag. 351) où il représente son crime.

Planche XX. — Cruche dessiné par l'assassin Cavaglià avant le suicide avec allusion à son crime et au suicide (pag. 357).

Planche XXI. — *Fac-simile* d'une photographie de trois assassins meurtriers de Ravenne, trouvée dans un leur matelas (V. pag. 360).

Planche XXII. — *Fac-simile* d'écritures de criminels (pag. 483, etc.).

Planche XXIII. — *Fac-simile* d'écritures de criminels (id., id.).

Planche XXIV. — Crânes de criminels. — Fig. 1. — Tavecchio, voleur, 36 ans, de Voghera, devenu fou après une spéculation manquée. Sclérose énorme. Sinus frontaux, zigomes et mâchoire inférieure très développés. Petite fossette occipitale moyenne. Développement énorme du vermis (pag. 165).

Fig. 2. — Arnioni, brigand Sicilien, 23 ans. Effacement, peut-être congénital, de la suture sagittale: subscaphocéphalie: appendix lémurienne (Albrecht) de la mâchoire inférieure, sclérose (id.).

Fig. 3. — Gatti, qui brula un moulin pour détruire une petite note, 24 ans, sclérose énorme, sténocrotaphie. Asymétrie du visage prédominante à gauche. Mâchoire inférieure très développée (id.).

Fig. 4. — Villella, vieux voleur Calabrais, âgé de 72 ans, très agile: trois gendarmes n'en purent avoir raison qu'en le prenant par les testicules: très doligocéphale; sutures ouvertes; beaucoup d'os wormiens: crête frontale énorme; fossette occipitale moyenne très développée, limitée par deux crêtes osseuses B qui aboutissent à un tubercule; point d'attache de la double faux. Synostose de l'atlas (pag. 180).

Fig. 5. — Chiesi, meurtrier de Pavie, espion, 30 ans: sténocrotaphie: méthopisme: front fuyant: asymétrie faciale.

Fig. 6. — Macchi, type de voleur, 34 ans, Milanais, submicrocéphale: apophyse temporel de l'os frontal: appendix lémurienne de la mâchoire inférieure (pag. 165, etc.).

Planche XXV. — Crânes de criminelles. — Fig. 11. — F. Rosa, âgé de 28 ans, infanticide, analphabète, de Florence. Mésaticéphalie. Suture méthopique. Os wormiens aux deux pterions, et aux astérions. Un gros os vormiens de la largeur d'une pièce de 2 centimes, au lambda. Frontal gauche plus développé que celui de droite. Sinus frontaux. Prognatisme.

Fig. 26. — M. Lucrèce, de 55 ans, domestique, omicide, de Rome. Subdoligocéphalie. Sutures ouvertes. Dépression au troisième postérieur de la suture bipariétale. Procès frontal du temporal droit.

Fig. 36. — D., de 20 ans, prostituée, de Naples. Front fuyant. Prognatisme. Face pareille au type nègre. Mandibule robuste.

Fig. 40. — T. Marianne, de 34 ans, infanticide, de Cosenza. Doligocéphalie. Crâne lourd, parois épaisses. Bosse occipitale surinyaque, plus saillante à gauche. Fossette occipitale gauche. Molaires robustes. Leger degrè de prognatisme.

Fig. 50. — P. Antonia, de 28 ans, domestique, infanticide, de Sassari. Doligocéphalie. Sutures sagittales et lambdoïdes presque fermées. Os vormiens aux deux sutures pétro-basilaires. Bosse pariétale gauche plus prononcée de la droite. Bosse occipitale surinyaque prononcée plus à droite que à gauche. Figure semblable au type nègre.

Fig. 58. — B. Concetta, enfante-trouvée, infirmière, de 45 ans, omicide, analphabète, de Gangi (Palerme). Doligocéphalie. Sutures en voie de soudure, compliquée la lambdoïde, très peu les autres. Os épactal haut 74 mm. et large 48, au lambda; avec traces de division longitudinale, en deux parties, la droite un peu plus petite de la gauche. Bosse pariétale et occipitale plus proéminante à gauche qu'à droite. Sur le sommet de la bosse pariétale gauche on note une légère dépression digitale. Sinostose de l'atlas avec l'occipital.

Planche XXVI. — L'âge des géniteurs dans les normaux, dans les criminels et dans les aliénés (Marro).

Planche XXVII. — Fig. 1. — Guiteau (Vol. II). — Fig. 2. — Passanante (Id.).

Planche XXVIII. — La criminalité et l'alcoolisme en France (Vol. II).

Planche XXIX. — Gasparone: crâne (N. 2, 3, 4) et portrait (N. 1). Chef de brigands, mort de 88 ans. Doligocéphalie; sinus frontaux; front fuyant; wormien dans l'os frontal (pag. 165 et suiv.).

A et B. — Crâne de voleur, de 35 ans, étudié par le docteur Amadei, ressemble au crâne de Neanderthal par la doligocéphalie exagérée (ind. 70,9), sinus frontaux, prognatisme, mâchoire énorme, microcéphalie frontale; lignes temporelles rapprochées entr'elles ainsi que chez les carnivores. Capacité 1330 c. c., poids 760 g., circ. orizzontelle 520.

Planche XXX. — Écriture d'un criminel par suggestion hypnotique (page 486). Jeune homme de moeurs très douces (N. 1, écriture normale); est suggestionné par moi dans l'état hypnotique d'être le brigand La Gala, et tout de suit le caractère calligraphique change, devient grossier (N. 2), ressemble à Boggia (voir planche VI). Suggestionné après cela d'être un enfant, conserve quelque trace de sa nouvelle écriture (N. 3). Devenu brigand de nouveau par suggestion, redevient encore tout-à-fait grossier, avec de retours qui rappellent les caractères de l'enfant (N. 4) (Voir mes *Studi sull'ipnotismo*, 3e édition).

Planche XXXI. — Tableau des anomalies physionomiques étudiées individuellement dans les photographies criminelles.

Planche XXXII. — Tatouages de soldats criminels observés par Boselli. — Le N. 1 a sur le pied droit le nom d'un ami; sur la jambe gauche une menace au Préfet de police qui l'avait arrêté; sur le bras droit des déclarations d'amour pour Mme N... P..., puis pour les Mades N. P., R. S., M. A., D. M. Les 5 croix sont des serments de meurtre. On remarque sur le bras gauche un diable avec une chaîne de forçats.

Dans le N. 2 on voit sur la poitrine deux mains entrelacées, que Lacassagne nous dit être un signe très fréquent dans les pédérastes. Cela est confirmé par l'inscription du pénis (*Entra tutto*): *Cela entre partout.*

Dans le N. 3 on remarque sur le bras gauche de dessins lubriques avec allusion à une femme perdue qui l'a peût-être trahi; sur le bras droit il y a son nom, avec d'autres initiales d'amies.

Le N. 4 a sur la poitrine une inscription ironique contre le Roi d'Italie, car à côté du nom du Roi on voit un coeur percé par une croix, signe de vengeance, et puis il y a dans le bras gauche un semblant d'apothéose de Mazzini, avec le nom entouré de fleurs.

APPENDICE

Détails physionomiques sur les photographies criminelles

Dans la planche IX, sont Américains ou Anglais ceux marqués des N. romains; le XII, c'est l'Honeymann, fameux voleur de Londres, qui, seul, força la Banque de Londres; *a* c'est Troppmann; *b*, Peltzer, belge, condamné pour meurtre de l'avocat Bernays, dont il voulait épouser la femme.

Les Italiens figurent dans la planche XI avec le N. 1, et du N. 35 au 48, et N. 51 et 52, planche IX.

Sont russes le N. IV et les N. 2, 45 de la planche VIII; le N. 1, 41, 45, de la planche X.

Les juifs sont désignés avec le N. 3 et 19 dans la planche X; avec les N. 56, 38, 45 et 49 dans la pl. VIII, et avec le N. 11 dans la planche XI. — Tous les autres sont Allemands.

Ont étés reconnus comme fous le N. 9, planche X, qui tua un camarade sans motif; le N. 11 de la planche IX, qui s'évada huit fois de la maison centrale; le N. 1, planche IX, qui tua un ami pour le voler d'une redingote et le N. 24, célèbre voleuse de magasins.

Criminels d'occasion, avec Peltzer, sont probablement le 47 et 44, planche XI (caissiers en fuite), les six banqueroutiers (I, II, III, IV, V, VI de la planche VIII), et le 5, planche X, qui commença à forfaire dans une âge très avancée, après avoir perdu son emploi, mais qui a pourtant une physionomie très mauvaise: et le 22, planche X, coupable d'avoir caché un assassinat d'un camarade, et le N. 9, planche X, qui fut assassin par suggestion.

Criminels par passion sont, le N. 23, planche X, qui tua sa femme par jalousie justifiée, et le N. 7, qui blessa et tua dans des accès de colère provoquée par des causes les plus insignifiantes; le XIV, Américain, planche IX, qui tua son père dans un moment d'aveuglement et de jalousie; le VII, Chaudler, id., d'une famille très distinguée, qui tua un parent de sa femme, avec laquelle il était en litige, et qui l'accompagnait; le IX, id., uxoricide, malgré sa renommée de douceur de caractère, par infidélité de la femme; et le XV, Américain contrebandier, qui tua les soldats qui voulaient l'arrêter.

Criminels-nés. — Dans la planche VIII: le N. 1, qui tua, d'accord avec sa femme (N. 2), une pauvre vieille pour la voler; et les 3, 4, 6, 7, meurtriers; escrocs sont les N. 45, 50, 51, 52, 54, 55, 56, 57, 58, 59, 60. — Les autres sont des voleurs à la tire, ainsi que les N. 38, 37, 28, 26, 31, 30, 29 et 36; ou des voleurs de magasins, comme le N. 42, ou voleurs avec effraction, comme les N. 8, 9, 10, 11, 12, 13, 14, 15, 16, 17, 18, 19, 20, 21, 22, 23, 24, 25. Le 46, c'est un faux-monnayeur.

Dans la planche IX, ce sont des assassins, criminels-nés ou habituels: le N. 2, qui tua sa tante pour la voler; le 3, coupable de double assassinat, les V, IX et XVI, Américains uxoricides; le XIV, parricide; le XVII, qui tua le père de sa bien-aimée, parcequ'il s'opposait à ses amours; et les N. II, XX et VII, Américains.

Dans cette planche, le N. 29 (type de voleur), et les 30, 32, 33, sont des faussaires; sont escrocs les 34, 35, 36 et 37; les IV, VI, XI, VIII (Américains) escrocs ou banqueroutiers; les X et XIX, bigames Américains; le dernier arriva à épouser 10 femmes, à l'insu de chacune, jusqu'au moment qu'il fut découvert par le frère d'une d'elles.

Parmi les restants, sont des voleurs avec effraction, ou voleurs de grand chemins les N. 5, 6, 7, 8, 9, 10, 11, 12, 13, 14, 15, 16, 17 et 18; pillards de magasins les N. 21, 23 et 27; voleurs à la tire les N. 40, 42, 43, 44, 45, 46, 47 et 48.

Les Allemands de la planche X sont assassins du N. 1 à 19, hormis le 5; le N. 17 a violée et tuée une fillette de 5 ans. Les autres, pick-pockets ou voleurs avec effraction, du N. 36 au 55 (sauf le 43, escroc); pillards de magasins ou d'hôtels les 18, 19, 21, etc., jusqu'au 32. Escrocs sont les N. 43, 20, 29, 56.

Dans la planche XI, nous trouvons les N. 1, 2, 3, 4 et 5, coupables de crimes contre les moeurs. Le N. 1 qui viola et prostitua tous ses enfants; les autres, pédérastes passifs (Allemands); le N. 5 est la réproduction du N, 4, mais vêtu en femme; viennent ensuite les voleurs, N. 6, 7, 14, 29, 32, Allemands; le 43, voleur Italien; et après, 21 escrocs Allemands compris entre les N. 8, 28 et en plus le N. 33; et pour finir, assassins les N. 30, 31 (Allemands); les N. 35, 36, 37 (Leone), 38, 39, 40, 41, tous brigands Italiens; le 42 (Francesconi) assassin de l'officier de poste de Vienne, et le 48 (Martinati), assassin de sa femme, par amour charnel pour sa soeur, laide et bossue.

Si on considère toutes ces photographies, on trouve que la physionomie garde le type ethnique dans 20, tandis qu'elle le perd tout-à-fait dans les autres, sauf dans les juifs, qui conservent le type sémitique : cependant il ne manque dans ces derniers ni les sinus frontaux, comme dans le N. 8, ni le regard sinistre, comme dans les N. 45 et 56 de la pl. VIII.

On nota chez très peu d'individus, très intelligents d'ailleurs, escrocs pour la plupart, la physionomie non seulement normale, mais jolie : ainsi, par exemple, le N. 26 de la planche X, ex-sous-officier de marine, qui donna les preuves d'une grande adresse avec des vols commis dans les hôtels, et le 29, escroc et voleur de livres; les N. 11 et 14 de la planche VIII, excessivement rusés, qui se mirent toujours à l'abri de la justice, et en déjouèrent toutes les recherches; et sont encore plus dignes d'attention pour leur régularité les deux bigames Américaines (I et X, planche IX).

On n'observa aucun caractère morbide criminel chez 36, soit dans le 16 0[0: il faut comprendre parmi ceux-ci, les deux voleurs très adroits dont on vient de parler plus haut, un faux-monnayeur, qui était, par surcroît, artiste de talent; 18 faussaires ou escrocs et enfin deux bigames. Ce défaut de type criminel est justifié, non seulement par la spécialité du délit, mais par le grand talent ou par la cause occasionelle. Ainsi Peltzer, assassin (planche IX) fût entraîné au crime par la facilité de trouver un complice dans son frère, et par des soucis énormes d'argent, malgré une vie toute entière de probité et de travail; et le XV, contrebandier, qui se reveilla assassin quand sa vie fut en jeu.

Ce manque de type ne semblerait trop justifié en 9 voleurs récidivistes et en deux brigands de la bande sicilienne: mais il ne faut pas oublier non plus que en Sicile, la plupart du temps, le brigandage (en dehors des chefs) est un délit d'occasion.

Dans tous ces derniers et même dans ceux à caractères normaux, on remarque une étrange ressemblance qui explique et confirme leur parenté anthropologique. Voyez les N. 20 et 21 de la planche XI, et les 50, 51, 55, 59 et 60 de la planche VIII. Cette parenté typique est bien plus étroite parmi les individus qui ont déjà le type criminel, ainsi qu'il arrive dans les individus des espèces animales et végétales qui forment le noyau des groupes naturels, de manière à faire douter souvent que différents portraits ne soient que la reproduction de la même personne, comme dans les N. 13, 31, 22, 9, 3 et 4 de la planche VIII; 21, 22, 14, 23, 9 et 11 de la planche X; 1, 2, 7, 14, 11 et 10 de la planche IX; 20, 21, 25, 15 et 18 de la planche XI; 12 de la planche X; 2 de la planche IX; 9 de la planche VIII; 7 de la planche IX: et cela explique parfaitement la raison du manque de type national, l'analogie entre les criminels des contrées les plus lointaines (Italiens, Allemands et Américains) que le lecteur aura déjà remarqué par lui même. Il arrive ici, dans une proportion moindre comme pour les crétins, chez lesquels les traits de la race sont effacés par la dégénération.

Des trois fous criminels, deux, le 14 de la planche X et le 1 de la planche IX, ont le type criminel; le troisième, le 11 de la planche VIII, présente un type normal.

Sans être fous, présentent pourtant un type de folie par l'œil égaré, et le front fuyant, le N. 2, 36, 52, planche X; 45 et 46, planche XI; 8, planche IV; 5, planche V; et un type de crétin le I (romain), le 44, le XXV et 46 de la même planche.

Peltzer, le type peut être plus remarquable des criminels d'occasion, n'a d'anormal que la richesse des cheveux noirs.

Parmi le 8 banqueroutiers des planches VIII e XI, un seul nous présente le type criminel, le IV de la planche VIII, Walter, russe: deux pourtant sont strabiques.

Le N. 5 de la planche X, classifié dans l'Album Allemand comme voleur d'occasion, nous offre, dans les yeux et dans la mandibule, le type criminel.

Parmi les criminels par passion, le 23, de la planche X, a presque le type criminel par le défaut de barbe, le front fuyant et les sinus frontaux. Qu'on note aussi, dans le 7, l'œil fier et les cheveux abondants.

Les Américains XIV et XIX, omicides par passion, et le VII et XV, contrebandiers assassins par défense, ne donnent pas de type spécial.

Un seul, le N. 7, offre le type complet criminel; le 28 en a aussi quelques caractères.

Les femmes criminelles étudiées et reproduites par la photographie sont en nombre de 38, dont 59 Allemandes, 16 Américaines et 8 Italiennes (planche XIV).

De celles-ci, trois seulement étaient en même temps criminelles et folles, soit le N. 24, de la planche IX, qui déploya une rare adresse dans les vols des magasins; le N. 51 ensuite, planche XIV, XV, voleuse domestique, soignée longtemps par moi dans l'hôpital des fous de Pavia; et enfin le N. 38, de la X, suicide, qui, de son vivant, fut d'une luxure effrénée. De ces trois dernières, les deux premières ont le type criminel, de mêmes qu'elles en avaient l'inclination, car ici la folie n'en était plutôt qu'un accident.

On trouve, encore, en nombre très restreint, les criminelles que — selon l'Album Allemand — on pourrait considérer comme criminelles d'occasion.

Parmi ces dernières nous remarquons: les N. 27 et 11, contraintes par les maris à la complicité dans leurs vols; le N. 14 qui, condamnée à la prison pour quelque faute bien légère, à sa sortie, ne trouvant pas d'ouvrage, se fit voleuse de chambres garnies: le N. 8 qui volait des commestibles pour nourrir ses enfants; le N. 2, de la planche VIII, entraînée au meurtre d'une voisine, par son propre mari; et le N. 7, aux yeux félins, qui, lâchée par le mari pour infidélité, devint une voleuse incorrigible. Le N. 14 a les zigomes volumineux, l'œil louche, la physionomie virile, les sinus frontaux, les lèvres très minces; dans l'ensemble, un type criminel complet; de même le 8, par les sinus frontaux, l'œil félin et quelque peu strabique et la physionomie virile; et le 11, par les mandibules énormes, les zigomes robustes, la physionomie virile, nous présente un vrai type criminel.

Le N. 27 est un type parfaitement normal, ainsi que le N. 2 de la planche VIII : la qualification de criminelle d'occasion est ici quelque peu douteuse, car l'Album note, qu'elle volait pour nourrir ses enfants, mais qu'en revanche le mari l'entretenait suffisamment.

De criminelles par passion nous ne remarquons que le N. 33, poussée au mal, par amour ; et le N. 45, très honnête, qui se rendit coupable d'infanticide pour un mariage convoité. Type normal la première: avec mandibule volumineuse, et oeil fixe la deuxième.

Par contre, les criminelles nées sont très nombreuses: dignes de remarque les N. 3, 9, 16, voleuses très adroites et récidivistes, qui, pour mieux cacher leurs exploits, se servent de faux noms; la première vole dans les magasins de chaussures, la seconde sur le marché, la troisième dans les églises : toutes les trois nous offrent le type criminel. Fameuses aussi celles du N. 5, 29 et 25 pour une suite de vols ordinaires et à la tire.

Le N. 29, voleuse à 16 ans, qui escompta jadis 20 ans de réclusion, et fut surprise de nouveau, en flagrant, dans un magasin ; les N. 35 et 41, voleuses Américaines très habiles, et le N. 39 qui tua son enfant de 2 ans 1|2, par seule perversité.

Le N. 30, l'Eberzeny, qui poussa son amant à l'empoisonnement de sa femme. Le 31, la Kane coupeuse de bourses très fameuse en Amérique. Les 32, 40, 43 et 37, qui étaient adultères et voleuses en même temps des maris : le N. 34, maîtresse de toute une bande de voleurs de chemins de fer américains. Le N. 35, Américaine aussi, voleuse récidiviste, d'une somme très forte d'argent. Et encore, parmi les Américaines, le N. 44, bigame. Le 41, voleuse très adroite. Le 42, empoisonneuse du mari. La 46, meurtrière. La 47, est une voleuse Allemande, gouvernante d'une grande famille. La 48, la Poçon, voleuse, camarade du N. 49, la Catella, célèbre complice de Rossignol, l'assassin qui tuait les gens attirés par les charmes de sa maîtresse.

La 50 est une femme très débauchée, inculpée de susbstitution de nouveau-né.

Les N. 52 et 53, la Trossarello et la Saraceni, adultères, luxurieuses, et mandataires d'assassinat.

Les N. 54, 55 et 56 sont des femmes de brigands du midi de l'Italie.

L'examen de ces caractères nous démontre que souvent ils se trouvent réunis par deux, trois et même quatre, chez les mêmes individus, donnant lieu, en ce dernier cas, à la vraie physionomie de la femme criminelle; ce qu'on remarque dans 23, soit dans les N. 3, 5, 6, 8, 9, 14, 16, 23, 24, 37, 43, 46, 47, 51, 52, 55 et 56 de la planche X; dans le N. 53 de la planche IV, et dans les N. 45, 41, 34, 24, 19 de la planche V, dans la proportion du 27 0|0.

Chez les criminelles-folles on trouve ce type en 2 sur 3 : chez les criminelles d'occasion et habituelles, voleuses, on le remarque en 2 sur 7.

Chez les criminelles-nées, sur 13 assassines, on trouva le type complet sur trois, incomplet sur deux : les deux empoisonneuses ne présentaient pourtant q'un développement remarquable de la mandibule et des cheveux.

Chez les 5 adultères, voleuses et bigames, deux seulement nous offrirent le type complet (le 37 et 43), trois le type incomplet (42, 40 et 44).

Sur 16 des restantes, qui sont voleuses, on remarqua aussi le type.

En total, sur 73 criminelles-nées la proportion du type serait de 28 0|0, justifiée par les habitudes perverses des voleuses récidivistes dans les N. 3, 5, 9, 14, 16; — ou prostituées et voleuses, comme le N. 24, ou femmes dépravées, comme le N. 37, qui ne se contente pas d'abandonner un mari très affectionné, mais elle le dépouille d'une somme assez forte d'argent qu'elle emporte avec son amant; — ou débauchées et cruelles, comme le N. 52, adultère et mandataire d'assassinat; — et les N. 55 et 56, maitresses de brigands, qui prenaient part aux exploits de leurs amants.

Chez certaines le vrai type criminel n'existe point, bien qu'on en remarque quelques caractères isolés.

Parmi celles-ci, la primauté est aux escroqueuses et voleuses de magasins, qui trouvent dans la physionomie ingénue et calme, un attrait pour tromper la confiance d'autrui: telle, par ex., le N. 10, Allemande, et le N. 35, Américaine, qui, à l'aide de faux papier, se faufile comme servantes dans les familles riches, pour les voler; telles les N. 18, 22, 12, 1 de la planche XIV, les N. 39, 40 de la planche VIII, et les N. 25, 20, 22, toutes voleuses de magasins; les N. 31 et 33 faussaires.

Cette catégorie nous donne aussi de vraies voleuses; le N. 13, prostituée et voleuse très rusée, qui prend, au lendemain d'un vol, de faux noms, pour cacher les méfaits de la veille; le N. 25, voleuse aussi très adroite, qui, avec le mari, commit plusieurs vols; le 17, précoce voleuse à la tire; les 32 et 40, adultères Américaines, qui, après avoir dépouillé les maris et les enfants, les abandonnent pour suivre leurs amants et partager avec eux le butin — et dans la planche VIII, les N. 33 et 25, incorrigibles coupeuses de bourses.

Parmi les 83, nous en trouvont pourtant 13 dans lesquelles, en dépit de leurs mauvais penchants, les caractères physiques du criminel-né font absolument défaut: voyez les N. 2, 4, 15, 26, 27, 34, 41, 42, 44 de la planche X: 34, 27, 41 de la planche VIII.

Cette absence de marques spéciales de criminalité est explicable dans le N. 2, vieille femme qui vole des commestibles par nécessité plus ou moins forte; dans le 26, voleuse, par suggestion de l'amant; dans le 44, bigame Américaine, qui obéit à l'impulsion de la passion et du besoin; tandis-que, elle n'est pas du tout explicable dans le N. 15; prostituée et voleuse; dans le 34, maîtresse d'une bande toute entière; dans le 41, voleuse d'appartements; dans le 42, empoisonneuse du mari; et enfin dans les 34, 27 et 41, coupeuses de bourses précoces et voleuses (Allemandes).

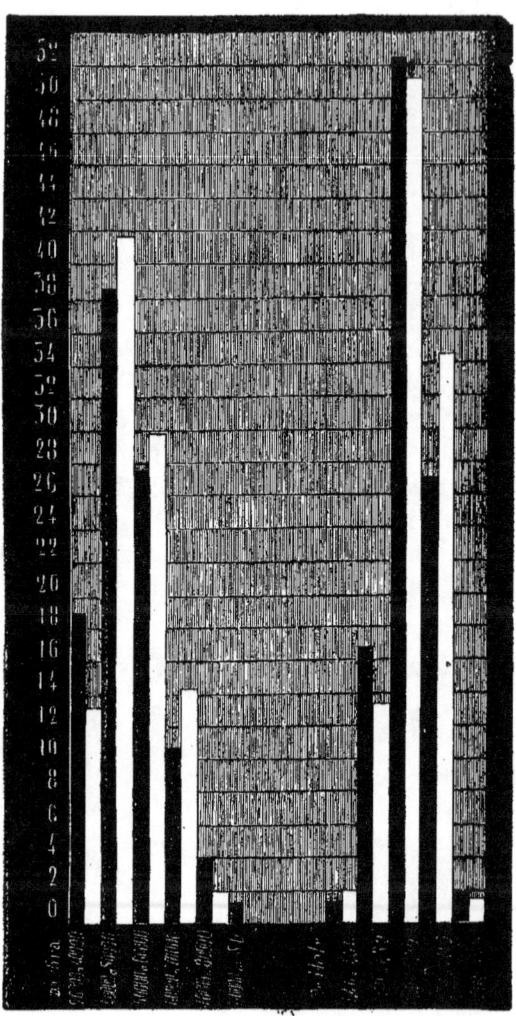

Poids. Taille.

Tableau du poids et de la taille de 400 cadavres normaux
et de 134 criminels de Bonn.

Ordonnées noires, *normaux* — blanches, *criminels*.

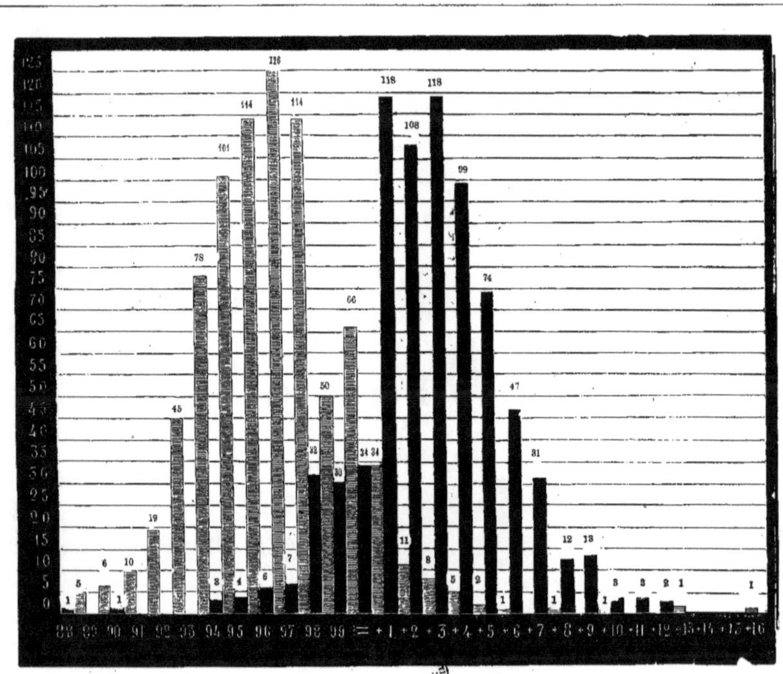

Rapports de la taille et de la grande envergure.
Etude anthropologique sur 800 hommes criminels, par le Prof. Lacassagne.

Ordonnées *noires*, echelle de la grande envergure, calculant à 100 la taille.
» *striées*, echelle de la taille, calculant à 100 la grande envergure.

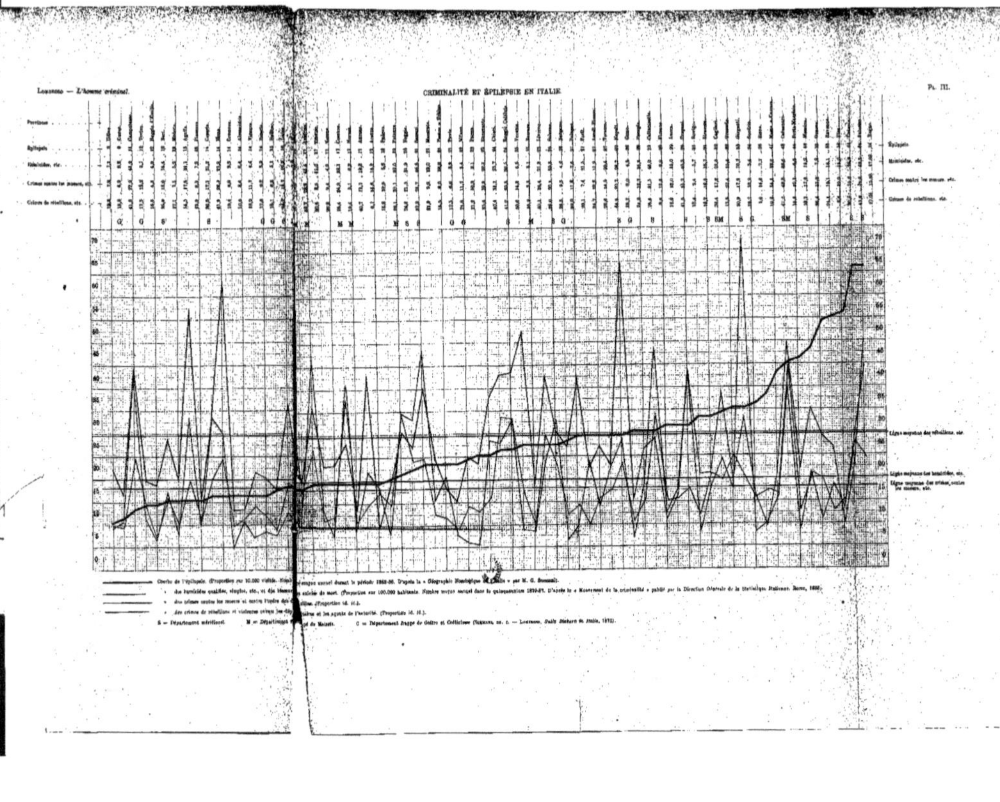
Lombroso — L'homme criminel.
CRIMINALITÉ ET ÉPILEPSIE EN ITALIE
Pl. III.
Provinces
Épilepsie
Homicides, etc.
Crimes contre les mœurs, etc.
Crimes de rébellions, etc.
Ligne moyenne des rébellions, etc.
Ligne moyenne des homicides, etc.
Ligne moyenne des crimes contre les mœurs, etc.

1. Trococéphale violateur, de Ravenne.

2. Voleur milanais, condamné 13 fois.

TYPES DE CRIMINELS

Pl. V

1

S. SALVATORE A. brigand de la Calabre

2

G. SANA de Galluccio brigand

3

CAVAGLIÀ dit FUSIL assassin

4

G.B. VENAFRO de Caspoli brigand

5

O.... Voleur napolitain

6

CARBONE chef-brigand

Turin, Lith. Salussolia

TYPES DE CRIMINELS

1

P. R. Voleur napolitain

2

B.S. Faussaire Piemontais

3

BOGGIA assassin

4

CARTOUCHE

5

G. MARINI femme de brigand

6

DESRUES empoisonneur

Turin, Lith. Salussolia

1. P. C., brigand de la Basilicate, détenu à Pesaro.

2. Voleur piémontais.

3. Incendiaire et cynède de Pesaro, surnommé *la femme*.

4. Misdea.

Pl. VIII.

Pl. IX

Pl. X.

2 3 4 5 6 7

9 10 11 12 13 14

16 17 18 19 20 21

23 24 25 26 27 28

30 31 32 33 34 35

37 38 39 40 41 42

44 45 46 47 48 49

51 52 53 54 55 56

Pl. XI

Crime contre les mœurs

1. R., assassin sicilien.

2. P., assassin, de Luque.

1. Néron.
(Galerie des *Uffizi*, Florence).

2. Messaline.
(Galerie des *Uffizi*, Florence).

Pl. XIV

(*) Ebergeny

ÉPILEPTIQUES.

Fototipia Doyen F.lli Torino.

2

3

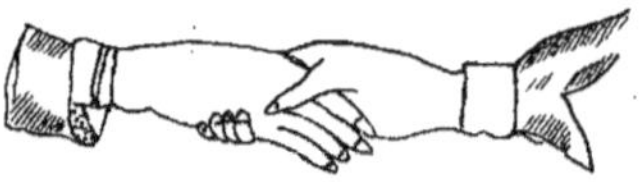

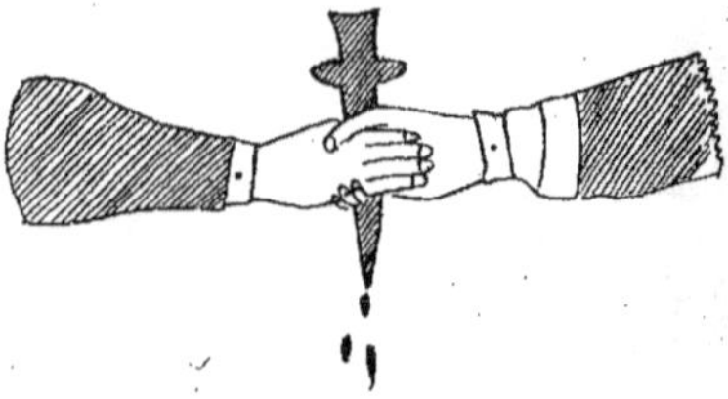

6

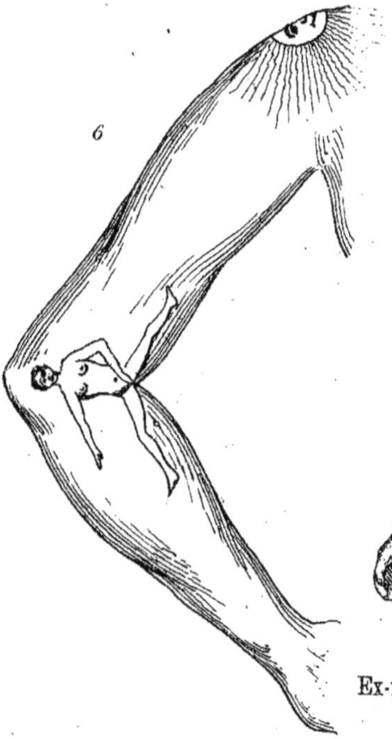

1

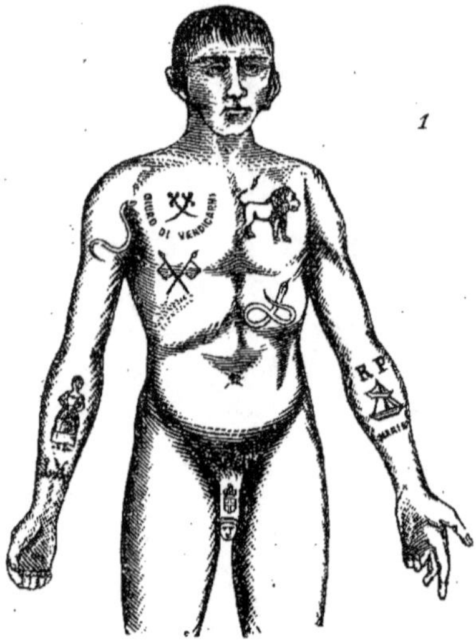

Ex-marin, escroc et meurtrier pour vengeance, détenu à Alexandrie.

4

5

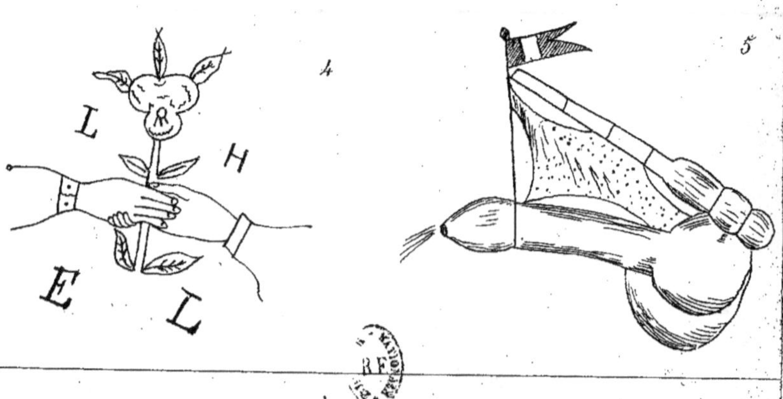

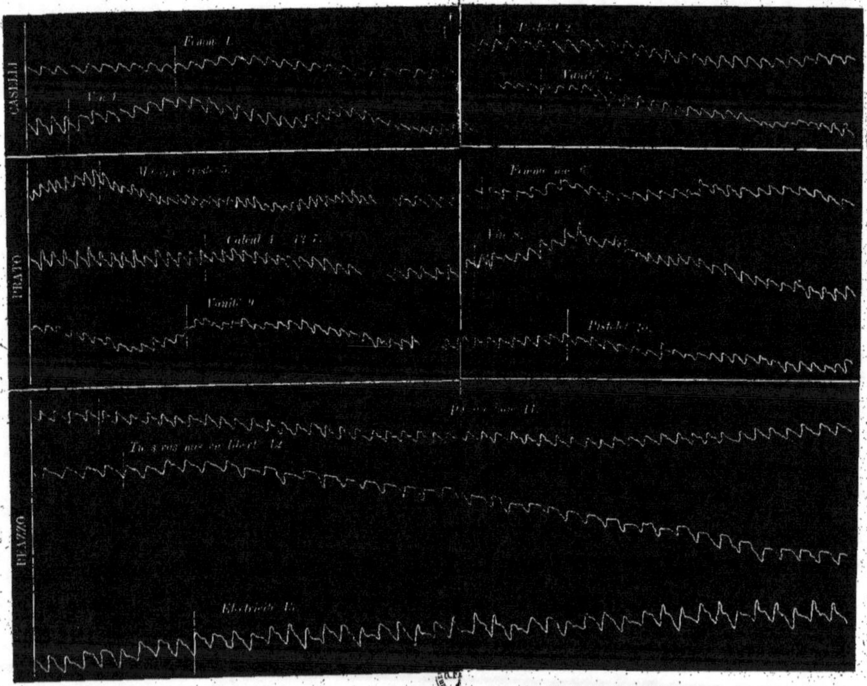

PL. XVII.

CASELLI

PRATO

RÉSULTAT DE QUELQUES EXPÉRIENCES AVEC L'HYDROSPHYGMOGRAPHE.

PL. XVIII.

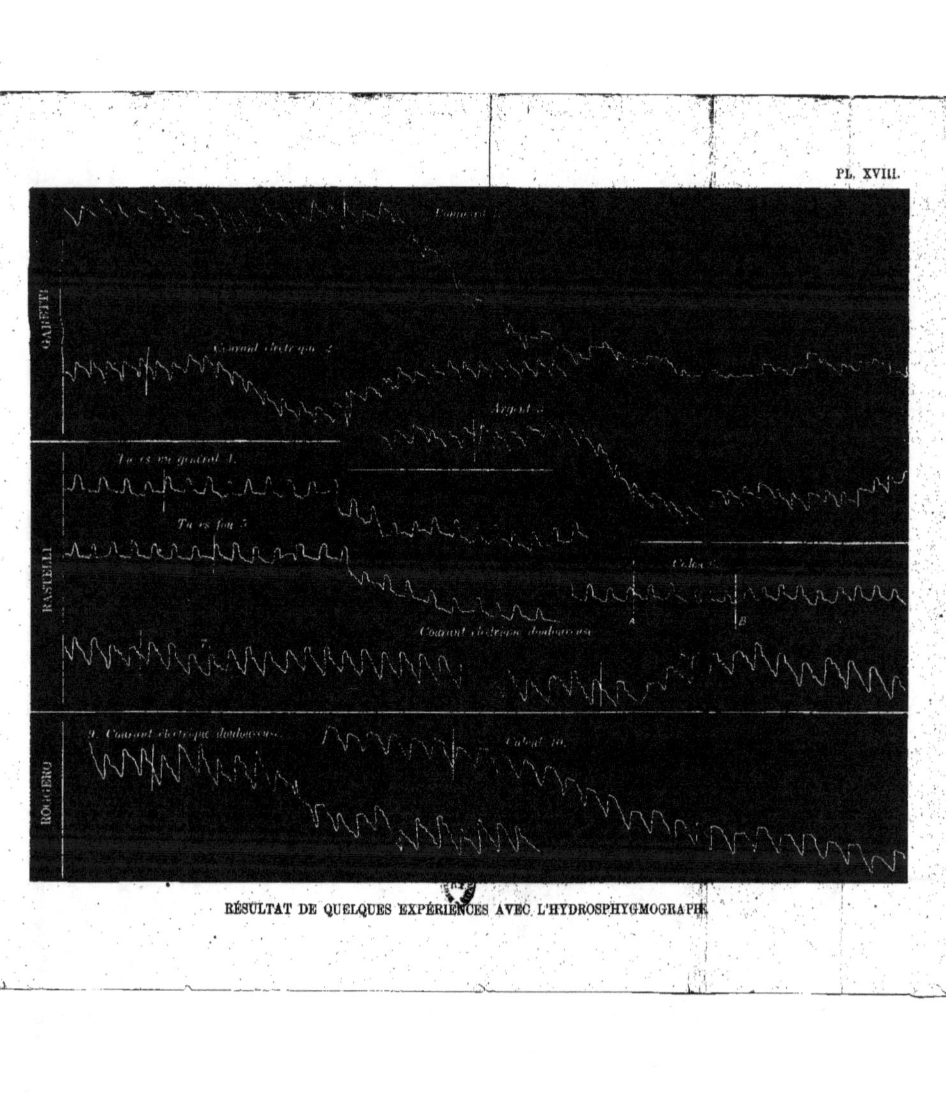

RÉSULTAT DE QUELQUES EXPÉRIENCES AVEC L'HYDROSPHYGMOGRAPHE

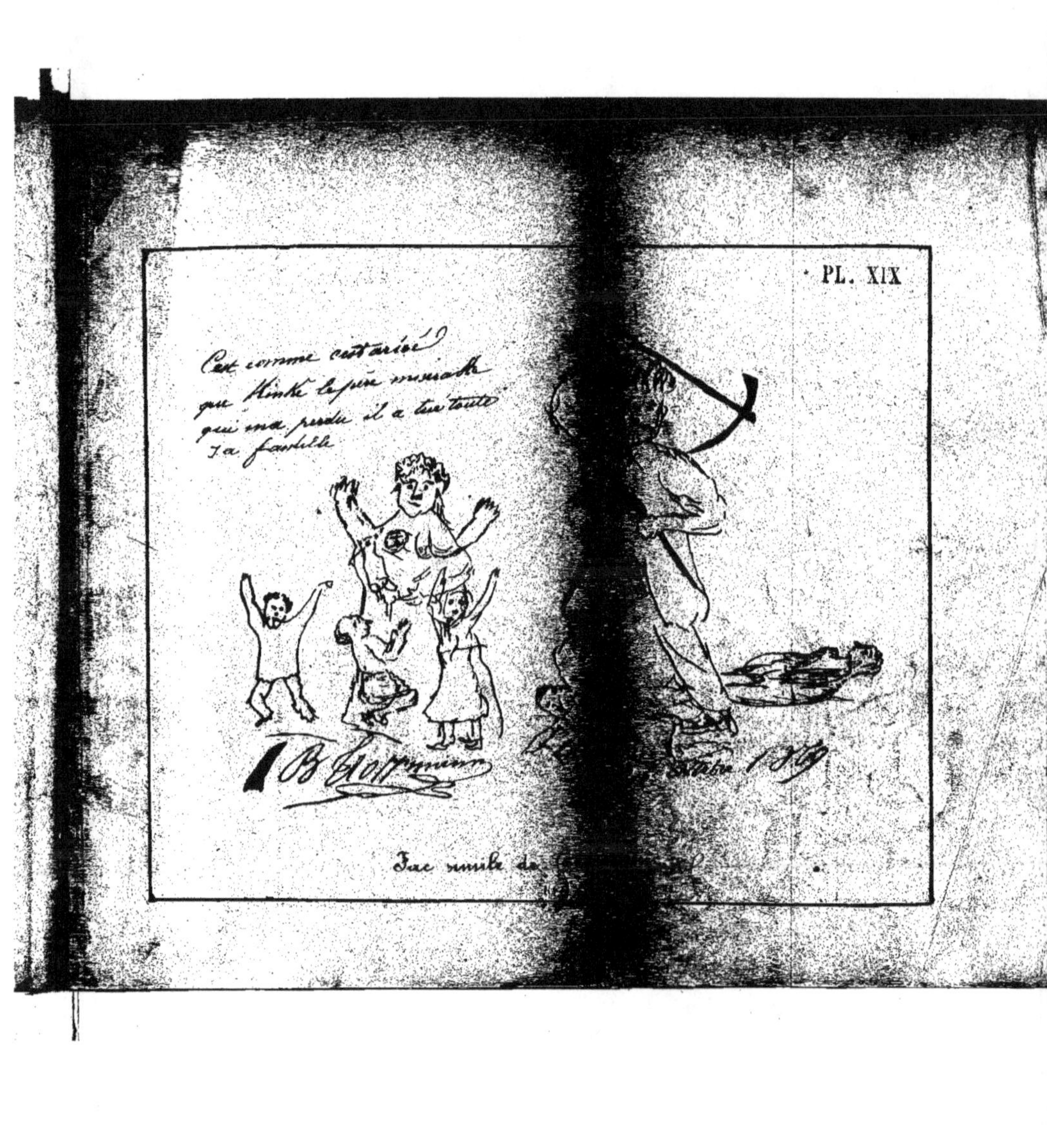

PL. XIX

Fac simile de

T. XX

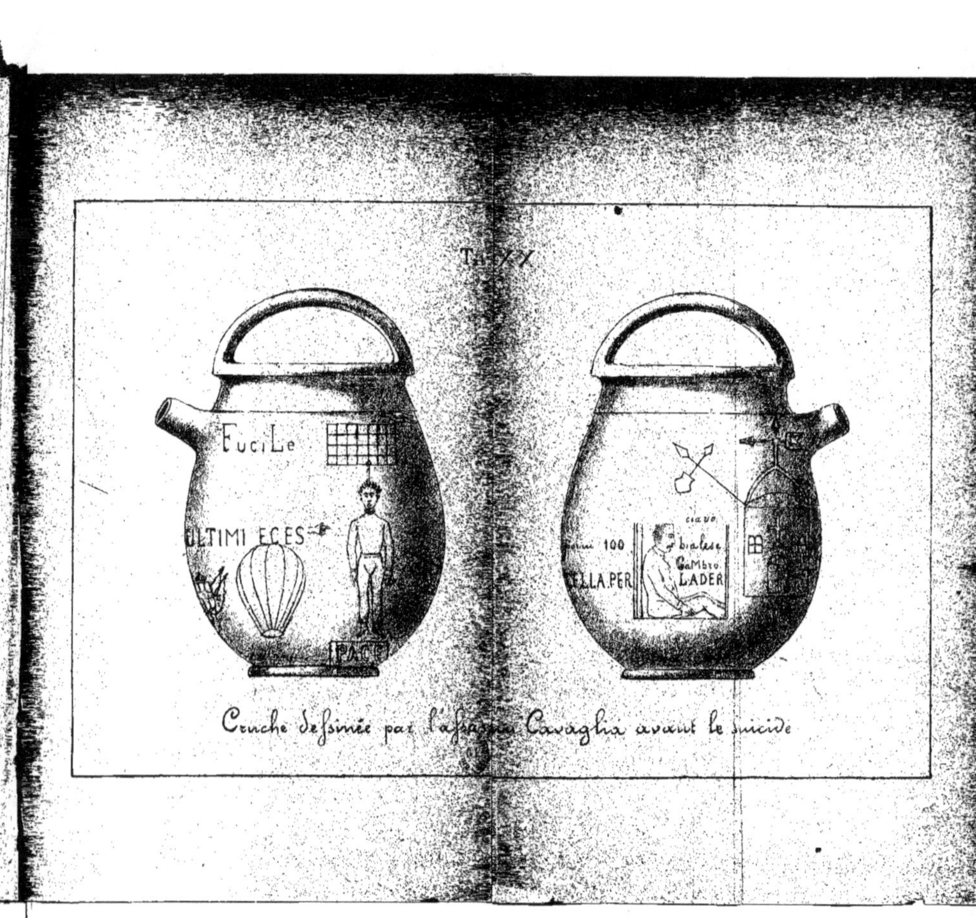

Cruche dessinée par l'assassin Cavaglià avant le suicide

Fac-simile d'une photographie de trois assassins

Turin, Lith. Salussolia.

..fetto di legge

3-O constamnato dalle [illegible]

3-O nella propria fa

4-O atta come in altretta

5-O lisa Milano

6-O La famiglie sono felia

7-O famiglie se la è congesta

8-O Sepoltati Alun

10-O [illegible] D'es

11-O Della Polonia I visi

12-O Montagnia della

13-O Perla Prefiliaia

14-O dello polonica ai ho con

15-O madre questa volta [illegible]

16-O Ottobre ho inparato

17-O nella propria famiglia

nella propria [illegible]

un altro [illegible]

20-O un altro [illegible]

21-O gridassero [illegible]

nella propria [illegible]

altrettanto [illegible]

26-O [illegible]

27-O un altro [illegible]

28-O ogni dote [illegible]

30-O nella prop[illegible]

distante [illegible]

34-O diritto d'[illegible]

rapporto [illegible]

37-O [illegible]

terre e [illegible]

2 [illegible]

42-T [illegible], [illegible]

43-L Minieri in una [illegible]

45-L la mia Vitor è [illegible]

53-T.O [illegible]

57-O immediatamente co

58-F.T Caramente ti saluto

Alle[illegible]

60-O.L. Polonia Vi [illegible]

62-L Di cotone [illegible]

64-L che quando fos

88-O [illegible] Della [illegible]

89-O Egli tenuto in [illegible]

90-O [illegible] fatte [illegible]

91- [illegible] E [illegible]

92-O [illegible] essere [illegible]

94-O Mon cher Monsieur,

[illegible]

96 molto [illegible]

97-O Allo stesso [illegible]

[illegible]

98 [illegible]

99-T [illegible]

[illegible]

100 [illegible]

[illegible]

[illegible]

[illegible]

[illegible]

[illegible]

[illegible]

100 marsta [illegible]

FAC-SIMILE D'ECRITURES DE CRIMINELS

Note-La lettre O. signifie Omicide, L. Voleur, T. Escroc, F. Faussaire, B. Brigand

Tab. XXIII

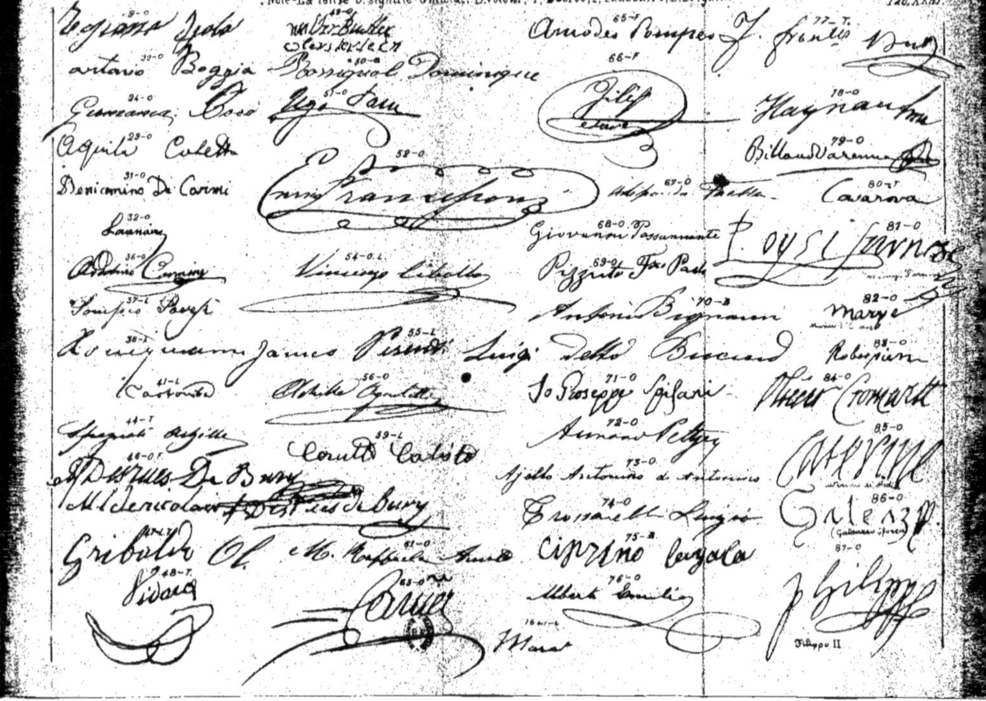

Filippo II

Pl. XXIV

CRÂNES DE CRIMINELS

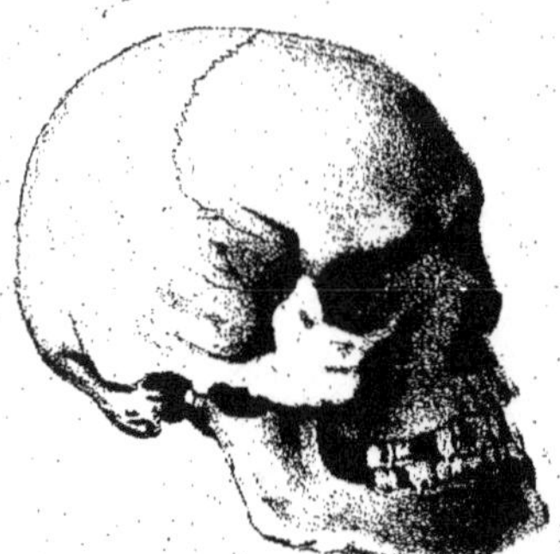

TAVECCHIO voleur

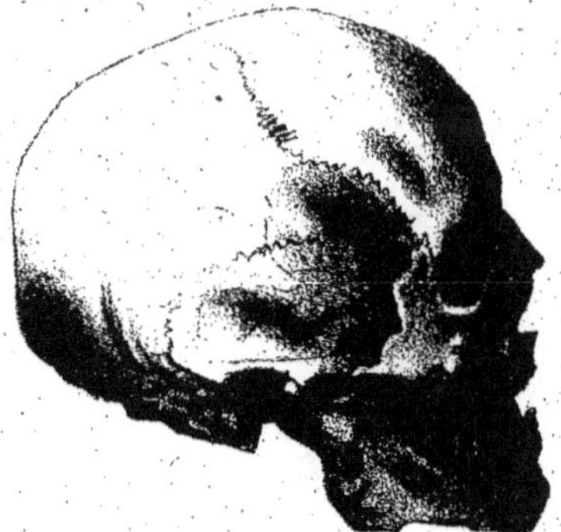

ARNIONI brigand

GATTI incendiaire

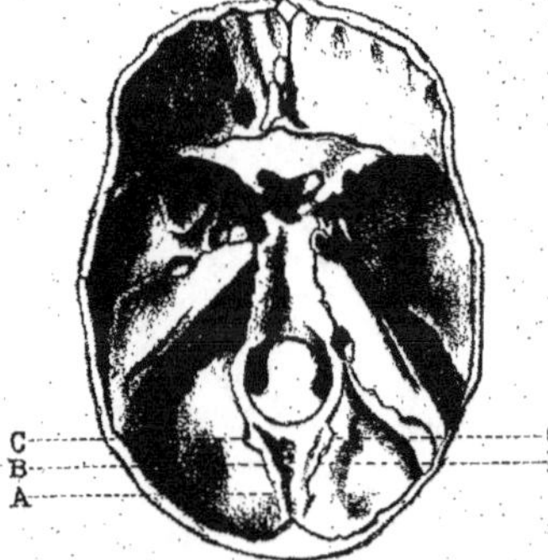

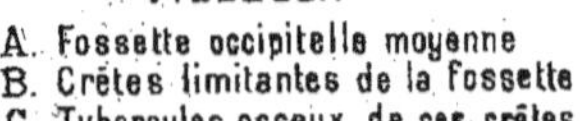

VILLELLA
A. Fossette occipitelle moyenne
B. Crêtes limitantes de la fossette
C. Tubercules osseux de ces crêtes

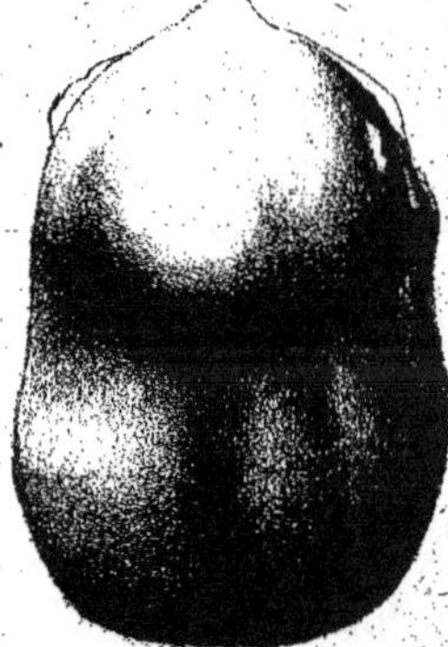

ARNIONI brigand

CHIESI assassin, espion

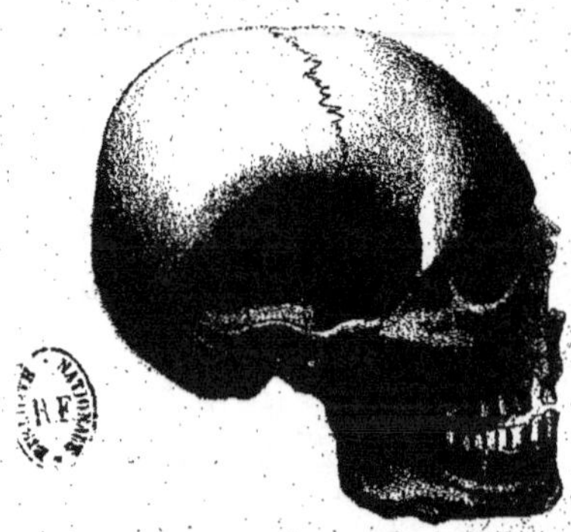

MACCHI voleur

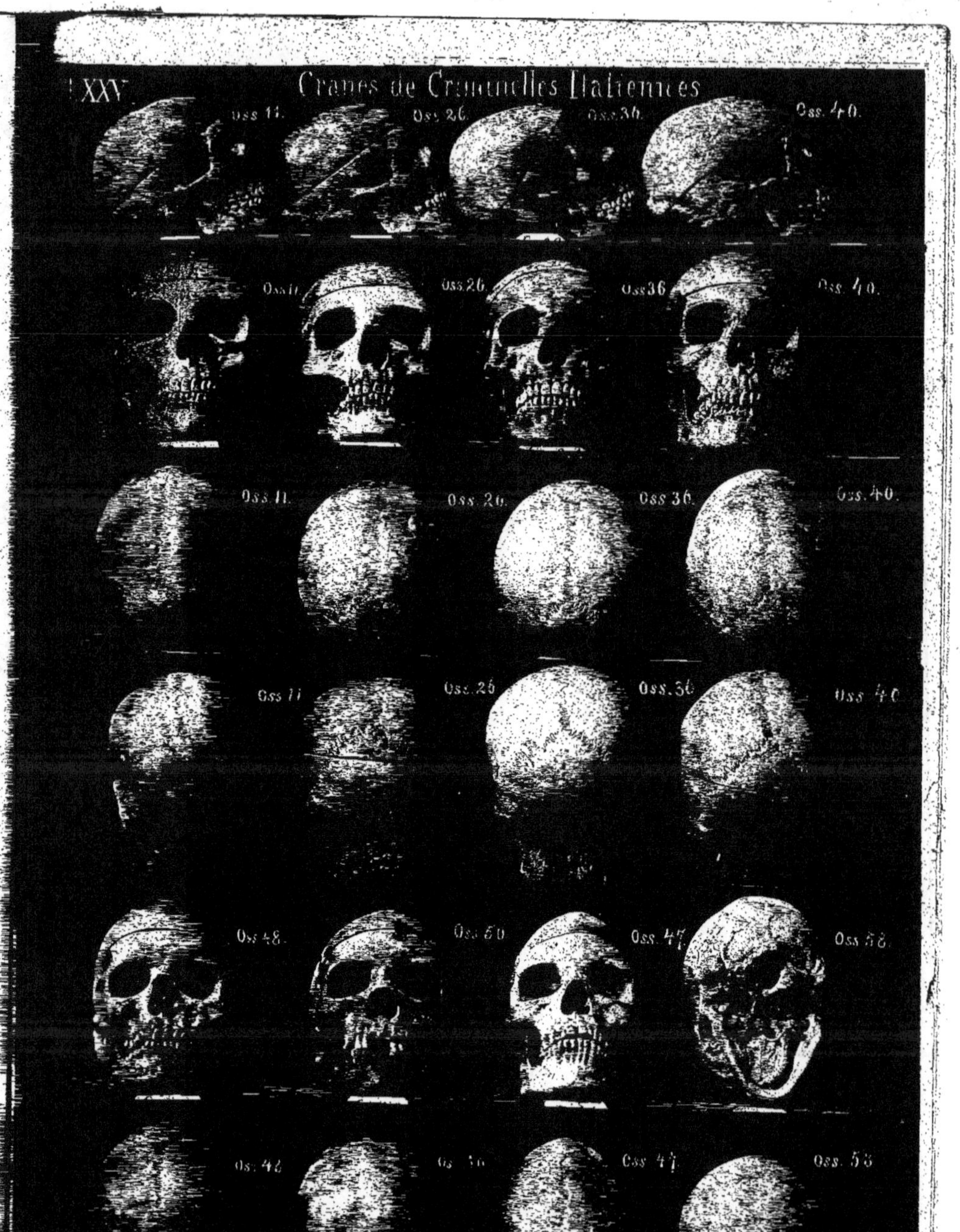

LXXV

Cranes de Criminelles Italiennes

Oss. 11. Oss. 26. Oss. 36. Oss. 40.

Oss. 11. Oss. 26. Oss. 36 Oss. 40.

Oss. 11. Oss. 26. Oss. 36. Oss. 40.

Oss. 11 Oss. 26 Oss. 36 Oss. 40

Oss. 48. Oss. 50 Oss. 47. Oss. 58.

Oss. 48 Oss. 50 Oss. 47. Oss. 58

Oss. 48 Oss. 50 Oss. 47. Oss. 58.

Rapport de l'âge des géniteurs dans les normaux, dans les criminels et dans les aliénés.

1. Guiteau.

2. Passanante.

La criminalité et l'alcoolisme en France.

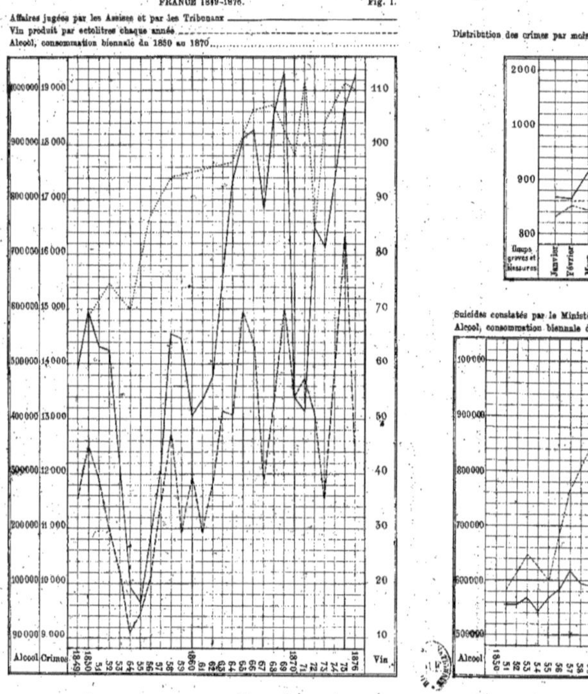

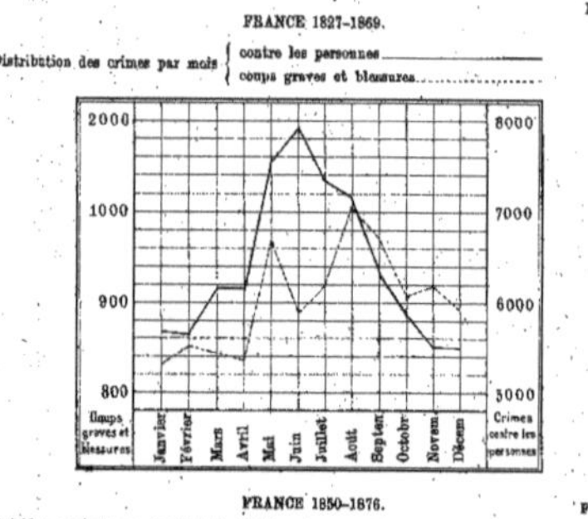

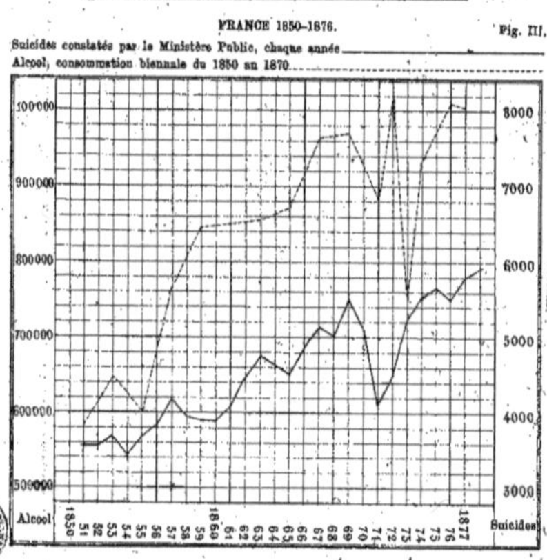

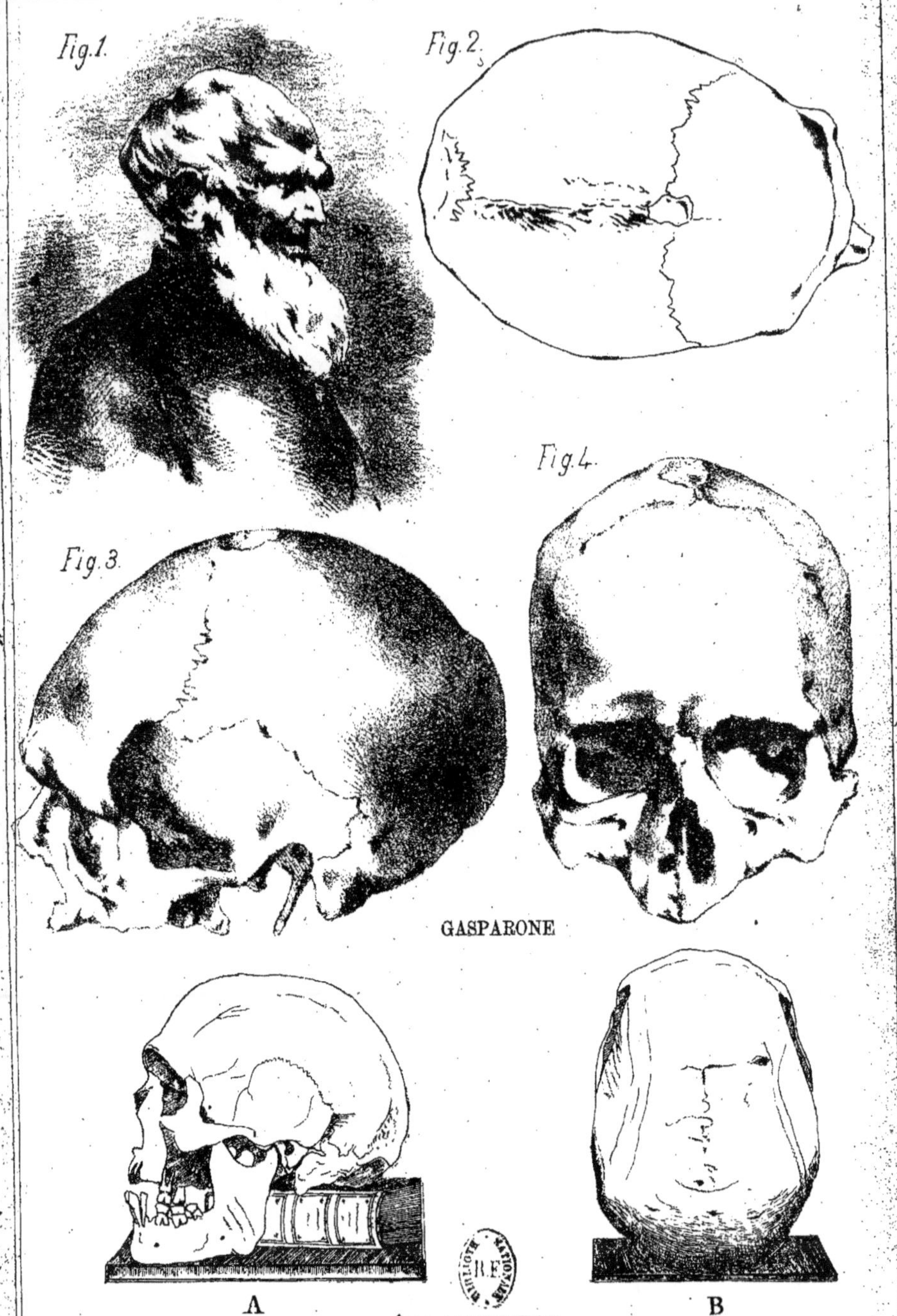

GASPARONE

CRÂNE DE VOLEUR

Écriture d'un criminel par suggestion hypnotique.

1. Normal.

Carissima mam-
Mandami subito centomila bombons
se no faccio la cattiva
Eugenio

2. Brigand La Gala.

Mandatemi
immediatamente
cento mila lire
se non vi farò
ammazzare
Eugenio
Lagala

3. Petite fille.

Carissima mamma
Mandami subito centomila bon
bons se no faccio la cattiva
Eugenio

4. De nouveau brigand La Gala.

Mandatemi
immediatamente centomila
lire
~~bonbons~~
se no vi faccio ~~am~~
ammazzare
Eugenio
~~[illegible]~~
Lagala

TABLEAU DES ANOMALIES PHYSIONOMIQUES ÉTUDIÉES INDIVIDUELLEMENT DANS LES PHOTOGRAFIES CRIMINELLES.

PHOTOGRAPHIE DES MÂLES CRIMINELS

Pl. VIII.

Anomalie	Photographies
Mandibule volumineuse	1, 3, IV, 7, 8, 10, 16, 19, 20, 21, 22, 25, 28, 29, 30, 47, 50, 54, 55, 57
Manque de barbe	III, 6, 8, 16, 17, 19, 20, 30, 42, 47, 57
Sinus frontaux	7, 8, 9, 14, 15, 18, 21, 23, 24, 26, 29, 31, 36, 37, 47, 52, 58
Oeil louche	1, IV, 13, 22, 23, 26, 28, 29, 30, 42, 45, 47, 49, 50, 55, 56
Cheveux très épais	3, 4, 8, 15, 18, 19, 20
Oreilles à anse	II, 3, 4, 9, 10, 12, 17, 19, 21, 25, 36, 47, 54, 55, 57
Zigomes saillants	3, 7, 12, 14, 15, 17, 20, 21
Strabisme	III, VI, 10, 16, 37, 42
Front fuyant	IX, X, 10, 14, 17, 23, 24, 45
Prognatisme	IX
Asymétrie faciale	46
Physionomie féminine	3, 30, 42, 46
Yeux hagards	
Lèvres volumineuses	10, 17
Figure enfantine	14, 15, 20, 21, 35, 43
Submicrocéphalie et oxicéphalie	3, 30
Lèvres très minces	IV, 10

Pl. IX.

Anomalie	Photographies
Mandibule volumineuse	1, 2, 3, 4, 5, 6, 7, XXII, XXIII, 29, 36, 38, 40, 43, 48
Manque de barbe	1, 2, 3, 4, 5, 12, XXII, XXIV, 40, 46, 58
Sinus frontaux	1, 2, 3, 4, IX, X, XV, XVI, XIX, XXV, XXVI, 35, 40, 42, 46, 48
Oeil louche	1, II, IX, XV, XVI, XXII, XXVI, 29
Cheveux épais	1, 2, 3, 4, XXVIII, 29, 42, 44
Oreilles à anse	II, 7, 10, 14, 16, XXI, XXIII
Zigomes saillants	XIII, XVI, XXII, 29
Strabisme	17, 43
Front fuyant	II, 4, XIII, 40, 43
Prognatisme	XXI
Asymétrie faciale	
Physionomie féminine	53
Paupières retournées	5, 18, 52
Nez défiguré	3, 7, 8, 12
Physionomie fausse	7, 9, 14, 16, XXI
Front bas	III, 36, 38
Lèvres volumineuses	5, 9, XIII
Physionomie enfantine	7
Lèvres minces	5, 18
Yeux hagards	52

Pl. X.

Anomalie	Photographies
Mandibule volumineuse	4, 15, 21, 22, 24, 30, 31, 32, 36, 37, 38, 39, 40, 41, 43, 44, 45, 49, 51, 53, 54
Manque de barbe	4, 7, 10, 12, 16, 18, 21, 22, 23, 24, 27, 28, 30, 32, 34, 37, 38, 41, 42, 43, 44, 48, 49, 50, 51, 52, 53, 54, 56, 58
Sinus frontaux	1, 7, 8, 13, 14, 15, 18, 20, 22, 23, 31, 34, 37, 40, 43, 49
Oeil louche	2, 10, 15, 17, 22, 34, 35, 37, 40, 43, 52, 53
Cheveux très épais	2, 4, 7, 8, 10, 18, 21, 22, 23, 24, 25, 28, 30, 31, 34, 37, 38, 41, 43, 44, 47, 49, 50, 53, 56, 58
Oreilles à anse	23, 36, 52, 54
Zigomes saillants	7, 10, 15, 42, 44, 53, 54
Strabisme	11, 30, 31, 38, 46, 50, 58
Front fuyant	3, 6, 13, 14, 20
Prognatisme	6, 9, 19, 38, 40
Asymétrie faciale	18, 31, 41, 50, 51
Physionomie féminine	1, 12, 13, 21
Yeux hagards	2, 18, 33, 37, 55
Lèvres volumineuses	9, 19
Figure enfantine	15, 30

Pl. XI.

Anomalie	Photographies
Mandibule volumineuse	3, 9, 11, 13, 18, 19, 20, 21, 24, 26, 28, 29, 30, 31, 37, 38, 39, 46, 48
Manque de barbe	10, 12, 13, 14, 27, 28, 29, 30, 31, 32, 35, 36, 39, 40, 42, 43, 44, 45, 46
Sinus frontaux	3, 13, 25, 26, 28, 30, 37, 41
Oeil louche	9, 11, 12, 15, 16, 18, 19, 23, 24, 25, 29, 30, 32, 38, 41, 42
Cheveux très épais	42
Oreilles à anse	6, 25, 27, 28, 32, 33, 34, 43, 47, 48
Zigomes saillants	
Strabisme	2
Prognatisme	30, 33
Physionomie féminine	2, 4, 14, 21, 32, 44
Paupières renversées	32
Physionomie fausse	46
Front bas et étroit	7, 16, 45
Lèvres volumineuses	16, 30, 31, 40
Yeux hagards	34

FEMMES CRIMINELLES

Pl. XIV.

Anomalie	Photographies
Mandibule volumineuse	1, 3, 5, 6, 9, 11, 14, 16, 17, 24, 25, 30, 31, 36, 37, 39, 43, 45, 46, 48, 49, 50, 51, 53
Oeil fixe	1, 3, 5, 7, 8, 12, 14, 16, 20, 22, 23, 29, 30, 45
Physionomie virile	3, 8, 9, 11, 14, 40, 45, 46, 52, 56
Sinus frontaux	9, 14, 24, 29, 39, 49
Lèvres minces	3, 6, 7, 12, 14, 16, 23, 37, 38, 40, 50, 56
Asymétrie faciale	6, 21, 35
Zigomes saillants	8, 9, 11, 31, 51, 54, 56
Prognatisme	19, 24, 29, 43, 47, 48, 51
Cheveux épais	9, 24, 30, 43, 46, 52
Strabisme	19, 21, 35, 45, 52
Oeil hagard	5, 6, 18
Oeil asymétrique	6
Oreilles à anse	3, 17
Front fuyant	33
Bouche difforme	32
Cheveux noirs	39, 49
Physionomie anormale	10, 17, 33, 55
Submicrocéphalie frontale	8, 16, 24, 44
Oreilles volumineuses	
Front idrocéphale	16

C. Lombroso
CA
NP
RS
MA
DM
A
PI
Q

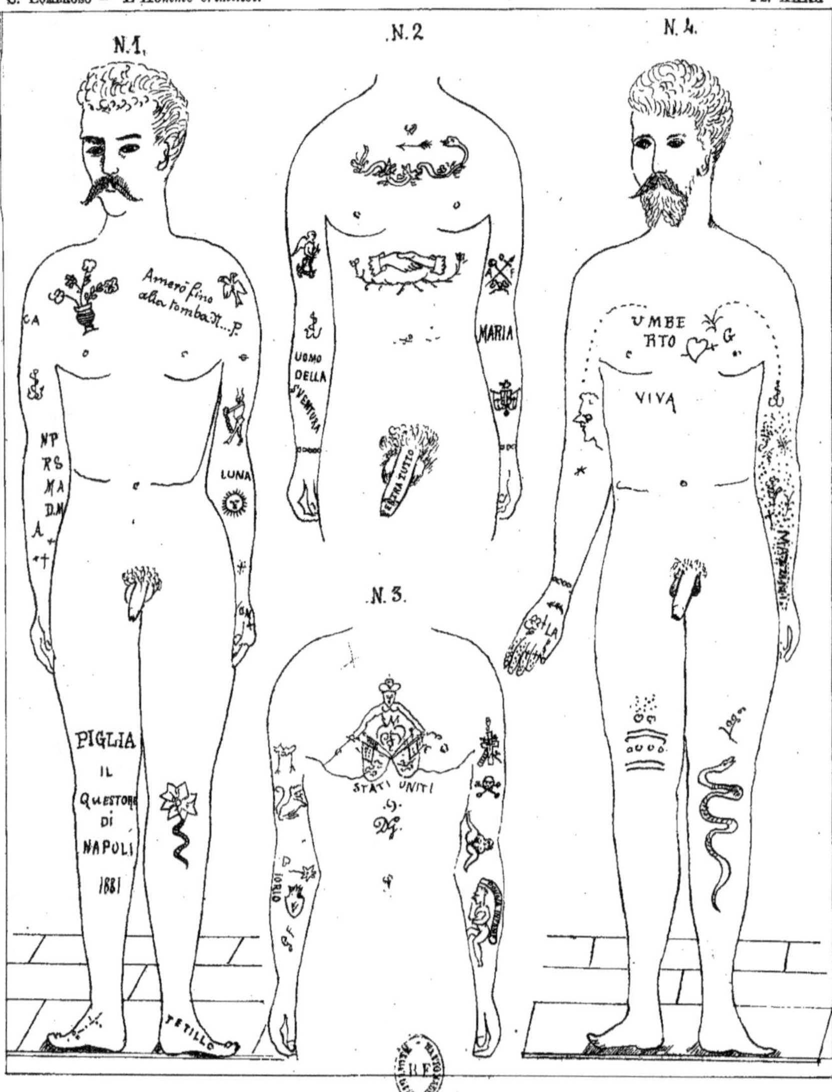

TATOUAGES DE SOLDATS CRIMINELS (*BOSELLI*)

www.ingramcontent.com/pod-product-compliance
Lightning Source LLC
LaVergne TN
LVHW020447230826
846091LV00004B/1573

* 9 7 8 2 0 1 9 4 8 0 7 1 4 *